GÜTERSLOHER
VERLAGSHAUS

Gütersloher Verlagshaus. Dem Leben vertrauen

Irische Segenswünsche

für jeden Tag des Jahres

Herausgegeben von
Hermann Multhaupt

Gütersloher Verlagshaus

Bibliografische Informationen Der Deutschen Bibliothek
Die Deutsche Bibliothek verzeichnet diese Publikation in der Deutschen Nationalbibliografie; detaillierte bibliografische Daten sind im Internet über http://dnb.ddb.de abrufbar.

5. Auflage, 2006

Umschlaggestaltung: Init GmbH, Bielefeld unter Verwendung
einer Fotografie von Getty Images Deutschland GmbH
Satz: Buch-Werkstatt GmbH, Bad Aibling
Druck und Bindung: Oldenbourg Taschenbuch GmbH, Kirchheim
ISBN-13: 978-3-579-05454-4
ISBN-10: 3-579-05454-6

www.gtvh.de

Vorwort

Man hat sich immer wieder gefragt, worin die Faszination irischer Segenswünsche liegt, was sie so anziehend, so vertraut mit ihrem Umgang macht. An Erklärungen hat es nicht gefehlt. Vielleicht hat die Spiritualiät mancher Sprüche mit der Vorstellung der Kelten zu tun, jede Minute des Tages biete eine neue Möglichkeit, die Herrlichkeit der Schöpfung zu erleben. Andererseits waren sich die Kelten, die das frühe Christentum auf der »Grünen Insel« stark beeinflussten, bewusst, dass die reale Welt, die sie mit ihren Sinnen erlebten, von der übernatürlichen Welt durchdrungen war. Für sie stand die Gegenwart des Göttlichen im Alltag außer Frage.

Wer diese Sichtweise annehmen kann, wird auch das einfache, gewöhnliche, unspektakuläre Leben wertschätzen. Das Bewusstsein von der Allgegenwart Gottes in allen Lebensbereichen führte sogar dazu, auch kleine alltägliche Dinge gleichsam wie ein Sakrament zu bewerten, was ihre Wichtigkeit und Heiligkeit unterstreicht. Auch die kleinsten Verrichtungen wurden in den sakralen Bereich erhoben und mystifiziert.

So ist es nicht verwunderlich, dass über die Jahre hinweg Hunderte von Gebeten und Segenswünschen entstanden, die jede Situation des Lebens unter den Schutz des Himmels stellten. Fast jeder Handgriff sollte vom Segen aus der Höhe begleitet sein.
Wundervolle Texte sind uns überliefert, voller Poesie, bildreich, humorvoll, tiefgründig, voller Weisheit und Stärke. Eine wahre Fundgrube für jeden Tag des Jahres.

Hermann Multhaupt

Januar

1. Januar

Möge das neue Jahr
nur gute Tage für dich haben.
Mögen dieses Haus und alle,
die in ihm wohnen,
im neuen Jahr mit Gottes Liebe
gesegnet sein.

2. Januar

Siebenmal besser ein Jahr lang
von heute an zu sein
wünsche ich dir und mir.
Ich wünsche dir Besitz
und Freunde in der wahren Liebe Gottes
und in der Liebe des Nachbarn.

3. Januar

Ich habe einen Wunsch für dich an jedem Tag:
Möge dein Herz so leicht sein wie ein Lied.
Mögen deine Gedanken so frisch sein
wie irische Kleeblätter.
Möge jeder Tag dir strahlende,
glückliche Stunden bringen,
die das ganze Jahr bei dir bleiben.

4. Januar

Dank dir, o Gott, dass ich heute
aufstehen durfte,
dass das Leben wieder neu beginnt.
Möge es dir zur Ehre gereichen, o Gott,
der alles gibt,
und in gleicher Weise zum Segen
für meine Seele.

5. Januar

Mögest du schon am Morgen
der Hilfe des Himmels gewiss sein
und über den Tag in der Sicherheit leben,
den rechten Weg zu gehen.

6. Januar

Mögen die Boten aus fernen Landen
dir den Stern zeigen, dem sie gefolgt sind.
Möge das Licht dich führen
und seinen Glanz nie trüben.

Die Heiligen Drei Könige
mögen mich verteidigen.
Wenn der Abend kommt, segnet mein Haus.
Ihr Heiligen Drei Könige, wacht über mich,
wenn die Schatten sinken, hört meinen Ruf.
Ihr Heiligen Drei Könige
umgebt mich mit eurem Schutz.
So soll es sein.

7. Januar

Morgen und Abend

Beim ersten Licht der Sonne heute –
sei gesegnet!
Wenn der lange Tag gegangen ist –
sei gesegnet!
In deinem Lächeln und in deinen Tränen –
sei gesegnet!
An jedem Tag deines Lebens –
sei gesegnet!

8. Januar

Heute

Mögest du heute gute Taten verrichten,
Dinge ohne Lüge und Falschheit.
Tue gute Taten hier auf Erden,
das ist ein gerader Weg –
ihm folge.
Das ist die Straße deines Lebens –
verlasse sie nicht.

9. Januar

Vorsätze

Möge der Regen an den Fensterscheiben
dich nicht von deinen guten Vorsätzen abhalten,
auch nicht der Sturm in den Bäumen
noch das Gezänk der Kinder.

10. Januar

Möge der erste Strahl der Sonne
heute das Auge des traurigsten Menschen
treffen, den du kennst.
Möge das erste Wort aus deinem Munde
heute das Auge des traurigsten Menschen
zum Lachen bringen,
der dir begegnet.

Traurigkeit

11. Januar

Gott

Der König des Himmels
wartet in seiner Güte auf den Sünder,
der noch nicht verdorben ist.
Ein Willkommen wird ihn erwarten,
und die Engel grüßen ihn,
den liebenswürdigen Büßer
unter den Gerechten.

12. Januar

Tagessegen

Den neuen Tag,
den noch nie gewährten,
möge Gott mir segnen.
Er ist das Geschenk des Höchsten.
Du schenkst ihn mir, ruhmreicher Gott.
Mögest du mich segnen.

13. Januar

Segne mein Auge, o Gott,
dass es sieht, was du ihm zu sehen erlaubst.
Dass ich meinen Nächsten segne,
gewähre mir, o Gott.
So segne mein Nächster auch mich.
Ein reines Herz schenke mir.

14. Januar

Ich schenke reine Gedanken denen,
die mich umgeben:
meine Frau, meine Kinder, mein Vieh.
Du aber umgib mich ganz, o Gott,
jetzt am Morgen, am Mittag und immerdar.

15. Januar

Liebe

So wie ich dieses Feuer entzünde, Herr,
entzünde in meinem Herzen
eine Flamme der Liebe.
Liebe, um mein Haus zu erwärmen
und alle, die mir teuer sind.
Liebe, um meine Nachbarn
und diese Gemeinde aufzuheitern.
Liebe, um meine Freunde und Feinde zu trösten.
Liebe, um den Weg zu erhellen, den ich gehe.

16. Januar

Feuer

Gott, da ich dieses Feuer entzünde,
stehe ich vor dir.
Sei eine glänzende Flamme vor mir,
sei ein leitendes Licht über mir,
sei ein herzliches Willkommen mir voraus
heute, morgen und für immer.

17. Januar

Erwachen

Mögest du bei jedem Erwachen
eine Stimme hören, die zu dir spricht:
Heute wird dir etwas Gutes widerfahren.

18. Januar

Erwachen

Ich stehe mit Gott auf,
möge Gott sich mit mir erheben.
Gottes Hand umfasse mich
ob ich sitze oder liege
oder ob ich mich erhebe.

19. Januar

neuer Tag

Einen neuen Tag von deiner großen Ewigkeit
schenkst du mir heute, o Gott,
ein neuer Tag gibt mich
in deine liebende Hand.

20. Januar

Tag / Nacht

Du bist der Stern des Morgens,
du bist der Tag, der frisch geboren wurde.
Du bist das Licht unserer Nacht,
du bist der Retter dank deiner Macht.

21. Januar

sei bei mir
Tag / Nacht

Gott, sei den ganzen Tag bei mir.
Gott, bleibe stets an meiner Seite.
Gott, sei auch da in der Nacht,
erhalte mich durch dein Licht.
Gott, sei in meinem Herzen,
bleibe, o Gott, gehe nie fort.

22. Januar

Ist es nicht entzückend und tröstlich
mit dem Segen Gottes um uns?
Eintausend Segen Gottes
möge jeder Einzelne von uns erhalten.

Segen Gottes

23. Januar

Lobpreis

Wir preisen dich, o Gott,
und werden dich immer preisen.
Ewige Ehre möge dir zuteil werden, o Gott,
dir und deinem Sohn Jesus
und der Jungfrau Maria.

24. Januar

Schutz

Mögest du nichts in dein Herz aufnehmen,
was dir deinen Anteil an der ewigen Seligkeit
des Himmels nimmt.

25. Januar

Bewahrung

Möget ihr bewahrt werden
vor den Schauern des Elends,
vor den Güssen des Unglücks
und vor den Krankheiten im Lauf des Jahres.
Möget ihr eure Gesundheit erhalten
in der Liebe Gottes und eurer Nachbarn.

26. Januar

Schutz immer

Gott sei mein Schutz,
er wache über meinen Schlaf und mein Erwachen.
Gott sei bei mir beim Gehen,
er segne alles, was ich tue.
Gottes allmächtige Gewalten
mögen meine Stunden bei Tageslicht behüten.
Gottes Geist kräftige meine langen Tage.

27. Januar

Zufriedenheit

Lehne dich zufrieden zurück,
wenn du eine gelungene Arbeit vor Augen hast,
aber nicht so weit,
dass du deiner Arbeit zu Füßen liegst.

28. Januar

Schutz

Mögen Sünde und Verlust
im Verlauf dieses Tages
von mir fern gehalten werden.

29. Januar

Im Namen der Engel entzünde ich mein Feuer,
in der Macht Christi, Gottes einzigem Sohn.
Möge in meinem Herzen keine Furcht sein,
kein böser Wunsch für einen Menschen
oder für eine Sache.

30. Januar

Bevor ich hinausgehe,
lass mich dich grüßen, Herr.
Möge ich den Tag preisen
wie das schönste Geschenk meines Lebens.
Lass mich alle Tage preisen,
denn sie kommen von dir.

31. Januar

Mögen die Fallstricke des Bösen
nie um deine Türschwelle gespannt sein.

3. Februar

Feuer

Herr, entzünde in mir einen Funken Liebe
zu Verwandten, Feinden und Freunden,
zu allen bedeutenden oder geringen Menschen.
Herr, entzünde ein Feuer, das nie verlöscht.

4. Februar

gutes Feuer

Möge das Feuer, das du morgens
im Kamin belebst,
nicht durch das Pusten des Teufels
entzündet werden.

Der Teufel lauert überall

5. Februar

Aufstehen

Bei Tagesanbruch ruft der Hahn:
»Steh auf, steh auf und verlasse dein Bett.
Wenn du den Weg Gottes gehst,
ist viel zu tun, bevor es Abend wird!«

Segen

Tag/Nacht

6. Februar

Der Segen Gottes über die,
die seinen Weisungen folgen,
sowohl bei Tag wie bei Nacht.

7. Februar

Schwachheit

Den ganzen Tag über beschütze mich,
großer Gott, der du in den Höhen herrschst.
Du weißt, wie klein ich in Wahrheit bin;
ohne dich bin ich nichts.
Sei du bei mir auch in der Nacht
und bringe mich letztendlich in dein großes Licht.

Nacht

8. Februar

Möge der erste Schluck Milch am Morgen
deine Seele beleben.

Milch

9. Februar

Früh aufstehen

Möge die Kuh in deinem Stall
dich nicht vor dem Hahn wecken.

10. Februar

Der erste Gast an diesem Tag
sei der, der dich am meisten braucht.

11. Februar

Segne mir o Gott

Segne mir, o Gott,
meine Seele und meinen Leib.
Segne mir, o Gott,
meinen Glauben und meine augenblickliche Lage.
Segne mir, o Gott,
mein Herz und meine Sprache.
Und segne mir, o Gott,
die Fähigkeiten meiner Hände.

12. Februar

Begleitung

Die Kraft des Morgens bleibe bei mir,
die Stärke und Weisheit der Gedanken
mögen mich begleiten.
Lass mich deinen Weg erkennen
bis ich schlafen gehe in dieser Nacht.

13. Februar

Fürsorge

Wer immer an deine Tür kommt,
du musst ihm zu essen geben oder für ihn sorgen,
ohne Fragen zu stellen.

14. Februar

Gesundheit

Mögest du den Appetit eines Pferdes haben,
das ist besser, als zu viel zum Essen zu besitzen.

15. Februar

Tagessegen

Gott, segne mir den neuen Tag,
der mir noch nie gewährt wurde.
Er ist geschaffen,
um deine eigene Gegenwart zu bezeugen.
Du hast mir diese Zeit geschenkt, o Gott.

16. Februar

Gott, segne mir meine Augen,
mögen meine Augen all das segnen,
was du siehst.
Ich will meinen Nachbarn segnen,
möge mein Nachbar mich segnen.

Augen

17. Februar

Gott, gib mir ein reines Herz,
lass mich nicht aus dem Blickfeld
deines Auges verschwinden.
Segne meine Kinder, meine Frau
und segne meine Habe und mein Vieh.

18. Februar

Der Christus der Liebe,
voll der Gnade des Vaters,
möge mich heute bei der Arbeit
zum Guten anleiten –
wo ich auch bin.

19. Februar

Möge die Freude dein Herz erwärmen,
wenn du an deine Arbeit gehst.

20. Februar

Mögen deine Taschen schwer sein
von guten Gaben,
dein Herz aber sei leicht,
wenn du sie verteilst.
Möge das Glück dich verfolgen
an jedem Morgen und in jeder Nacht.

gib mit Freuden

21. Februar

Mögen deine guten Unternehmungen
nie durch die Hinterlist des Teufels
vereitelt werden.

Teufel

22. Februar

Arbeit

Möge dir die Arbeit
immer flott von der Hand gehen.
Nicht minder eifrig sei deine Hand,
wenn sich eine andere um Hilfe
nach der deinen ausstreckt.

Hilfe d.d. Hand

Morgen
Mittag Nacht
Abend Segen

23. Februar

Der Morgen begrüße dich voll Sonne.
Der Mittag möge dich so freundlich stimmen,
dass du am Abend zufrieden
auf dein Tagwerk zurückblicken kannst.
Die laue Nacht aber möge dich
mit erquickendem Schlaf beschenken.

24. Februar

Wenn du strauchelst,
weil dir die Arbeit zu schwer wird,
möge die Erde tanzen,
um dir das Gleichgewicht wiederzugeben.

Erschöpfung

Fülle und Wohlstand

25. Februar

Möge Gott uns in Fülle,
nicht in Mangel leben und uns Wohlstand
zuteil werden lassen
als Belohnung, die Jesus uns gern gibt.
Denn oft geschieht es, dass ein Herz,
das nicht gelitten hat,
Segnungen erfährt, die es nicht verdient.

26. Februar

Unglück

Möge deine Arbeit gelingen,
der Misserfolg dich nicht so mutlos machen,
dass du über dein Unglück nicht lächeln kannst.

27. Februar

Lohn im Himmel

Möge dir die Arbeit
nicht schwer von der Hand gehen,
trotz Schwielen und Schrunden.
Dein Lohn auf Erden mag fragwürdig sein,
der Lohn der Ewigkeit ist unumstritten.

28. Februar

Wärme

Möge das Feuer, das du in deinem Herd schürst,
nie verlöschen,
möge aber auch die Wärme nicht erkalten,
die du einem Fremden schenkst.

29. Februar

Glaube

Möge es nie einen Augenblik geben,
in dem du dich deines Glaubens schämst.
Aber mögest du viele Stunden erleben,
in denen der Glaube
dich zu einem reichen Mann macht.

März

1. März

Das Glück Gottes und den Wohlstand
des heilgen Patrick
für alle, die ich heute sehe,
für alle, die ich heute berühre
von dem Augenblick an,
in dem ich aufstehe,
bis zu dem Augenblick,
da ich abends schlafen gehe.

2. März

Möge die Katze dir nicht
in den Milchtopf treten,
der Hund den Butternapf nicht umstoßen,
die Maus den Schinken nicht riechen.
Mögest du Nachsicht haben
mit der Tollpatschigkeit der Tiere,
so wie du dir deine eigene Ungeschicklichkeit
verzeihst.

3. März

Möge dein Suppentopf unerschöpflich sein,
wenn du an den Hunger des Gastes denkst.

4. März

Lasst uns auf die Gesundheit trinken.
Wir lassen unsere Gläser klingen.
Möge der König der Gnaden uns nahe sein.
Wir wollen dieses Glas trinken,
wie St. Patrick es trinken würde:
mit Anmut, mit einer Prise Salz,
ohne Traurigkeit und Schwermut
oder Trauer, Zorn und Schmerz.

5. März

Welche Geschäfte du auch immer betreibst,
stell dir vor, Gott könnte dein Partner sein.

6. März

Mögest du immer den Willen Gottes tun,
damit du nicht wie ein Vogel bist,
der ins Netz geht,
nicht wie ein leckes Schiff,
für das jede Gefahr bedrohlich ist.
Nicht ein leeres Gefäß,
noch ein verdorrter Baum.
Mögest du immer den Willen Gottes tun,
dann bist du reines Gold,
wie ein Strahlenkranz rund um die Sonne,
wie ein Gefäß aus Silber voll mit Wein.

7. März

Möge die Wolle, die du spinnst,
nicht von schwarzen Schafen stammen.

8. März

Möge der Reichtum der Felder
deine leeren Scheunen füllen,
der Reichtum deiner Worte
die hungernden Herzen.

9. März

Möge deine Hand groß genug sein,
wenn du die Früchte des Feldes
zu einem Freund trägst.

10. März

Mögest du bei der Arbeit
nicht nur Zuschauer haben.

11. März

Die Freuden des Himmels
mögen durch zwei Dinge gesteigert werden:
dass Gott dich beim Namen ruft
und dass dein Schutzengel
ein Loblied auf dich anstimmt.

12. März

Sieh zu, dass du immer ein wenig mehr
im Kochtopf hast,
als du mit den Deinen essen kannst,
damit auch der satt wird,
der keinen Kochtopf hat.

13. März

Möge die Geschicklichkeit deiner Arbeit
in deiner Verwandtschaft viele Nachahmer finden.

14. März

Mögest du deine guten Fähigkeiten
nie durch Zweifel und Rückschläge beschränken.

15. März

Gottes Macht, um mich zu leiten,
Gottes Kraft, um mich zu schützen,
Gottes Weisheit, um zu lernen,
Gottes Auge, um zu unterscheiden,
Gottes Ohr, um zu hören,
Gottes Wort, um aufzuklären,
Gottes Hand, um mich zu bedecken,
Gottes Weg, um sicher zu gehen,
Gottes Gürtel, um mich zu leiten,
Gottes Heer, um mich in Schutz zu nehmen.

16. März

Möge bei allem, was du tust,
außer deinen Händen auch das Herz beteiligt sein.

17. März

Möge St. Patrick euch beschützen,
wo immer ihr geht,
und euch führen, was auch immer ihr tut;
und möge sein liebender Schutz
euch immer ein Segen sein.
Mögen die Leprechauns* in eurer Nähe sein,
um Glück auf euren Weg auszubreiten,
und mögen alle irischen Engel
am St.-Patricks-Tag über euch lächeln.

** Zwerge, Erdgeister*

18. März

Mögest du auch den Esel spüren lassen,
dass er seine Arbeit nicht umsonst tut.
Möge der Esel nicht klüger sein als sein Herr.
Mögest du wie dir selbst
auch dem Esel gestatten, müde zu sein.

19. März

Möge Jesus diesem Haus seinen Segen geben.
Möge der Hl. Geist dieses Haus segnen.
Mögen die Heiligen Drei diesem Haus ihren
Segen geben.
Ebenso die hl. Brigid, der hl. Michael
und der heiligen Columba.
Sowohl das Dach als der ganze Bau
mögen den Segen empfangen,
sowohl Steine als auch Balken,
Lehm und Flechtwerk, First und Fundament,
Fenster und Fenstersimse,
Füße und Köpfe,
Mann und Frau, Mutter und Kind,
Jung und Alt, Mädchen und Jungen.

20. März

Wenn du dein Dach deckst,
binde fromme Wünsche in das Schilf.

21. März

Du schönste der Jahreszeiten, Frühling, du,
wenn die Vögel ihr Lied anstimmen
und der Wald sich begrünt.
Die Pflüge wandern durch die Furchen,
die Ochsen gehen unterm Joch.
Grünlich schimmert die See
und mannigfaltig ist das Land.
Tue deine Arbeit nicht nur
mit dem Blick zur Erde,
sondern auch zum Himmel.

18. März

Mögest du auch den Esel spüren lassen,
dass er seine Arbeit nicht umsonst tut.
Möge der Esel nicht klüger sein als sein Herr.
Mögest du wie dir selbst
auch dem Esel gestatten, müde zu sein.

19. März

Möge Jesus diesem Haus seinen Segen geben.
Möge der Hl. Geist dieses Haus segnen.
Mögen die Heiligen Drei diesem Haus ihren
Segen geben.
Ebenso die hl. Brigid, der hl. Michael
und der heiligen Columba.
Sowohl das Dach als der ganze Bau
mögen den Segen empfangen,
sowohl Steine als auch Balken,
Lehm und Flechtwerk, First und Fundament,
Fenster und Fenstersimse,
Füße und Köpfe,
Mann und Frau, Mutter und Kind,
Jung und Alt, Mädchen und Jungen.

20. März

Wenn du dein Dach deckst,
binde fromme Wünsche in das Schilf.

21. März

Du schönste der Jahreszeiten, Frühling, du,
wenn die Vögel ihr Lied anstimmen
und der Wald sich begrünt.
Die Pflüge wandern durch die Furchen,
die Ochsen gehen unterm Joch.
Grünlich schimmert die See
und mannigfaltig ist das Land.
Tue deine Arbeit nicht nur
mit dem Blick zur Erde,
sondern auch zum Himmel.

22. März

Möge das Dach deines Hauses
nicht undicht werden,
die Glut des Feuers nie zu Asche zerfallen,
mögen deine Fenster nicht blind
und deine Türen nicht morsch werden.
Mögen dieses Haus und alle,
die in ihm wohnen,
mit Gottes Liebe gesegnet sein.

23. März

Gott erhalte dich gesund,
damit du die Früchte deines Schaffens
genießen kannst.
Möge dein Haus stets
vom Lachen deiner Familie widerhallen,
auch wenn die Geräusche der Arbeit es
übertönen.

24. März

Der Frieden Gottes sei mit dir,
der Frieden Christi sei mit dir
und mit deinen Kindern.

25. März

Sei nicht neidisch auf den,
der bereits auf dem Heimweg ist,
wenn du auf dein Feld hinausgehst.

26. März

Möge Gott in dir und mir
einen Funken Liebe entzünden
zu Verwandten, Feinden und Freunden,
zu allen bedeutenden und geringen Menschen.
Der Herr entzünde ein Feuer,
das nie verlöscht.

27. März

Möge der Teufel in der längsten aller Nächte
dir nicht die Muster vom Webstuhl stehlen.

28. März

Möge deine Arbeit
wie ein immer währendes Gebet sein,
das die Schätze deiner Seele mehrt.

29. März

Möge die Arbeit dein Haar
nicht grau werden lassen.
Mögen deine Hände
immer etwas zu tun haben.

30. März

Möge niemand die Sonntagsruhe
deines Webstuhls entweihen.
Und: Mögest du deine Liebe in dieses Tuch weben,
dann wird der Käufer nie frieren.

31. März

Wir weihen dir diese Küche.
Möge der tiefe Frieden des Sohnes Marias
Besitz ergreifen von allen,
die mitten im Geräusch dieses Ortes arbeiten;
mögen alle vom Geist demütigen Dienstes
durchdrungen sein,
möge jede Arbeit nur für dich getan werden.
Segne das Abwaschen,
bringe weiterhin vollen Geschmack ans Essen,
lege deine Ehre in die Arbeit.

April

1. April

Möge es deinem Feuer nicht an Torf fehlen
und deinen Kindern nicht an Fleisch.

2. April

Die Liebe und Zuneigung des Himmels
seien mit dir,
die Liebe und Zuneigung der Heiligen
seien mit dir,
die Liebe und Zuneigung der Engel
seien mit dir,
die Liebe und Zuneigung der Sonne
seien mit dir,
die Liebe und Zuneigung des Mondes
seien mit dir –
an jedem Tag und in jeder Nacht deines Lebens,
um dich von Menschen abzuhalten,
die dich hassen,
von Menschen, die dir schaden,
von Menschen, die dich unterdrücken wollen.

3. April

Mögest du nie mehr arme Tage erleben.
Möge deine Bratpfanne nie vor Leere stöhnen.

4. April

Mögest du heute beim Anblick dessen,
was du tun musst,
nicht über deine eigenen Füße stolpern.
Möge deine Arbeit
nicht von zwei linken Händen getan werden.

5. April

Möge die Saat, die du ausgestreut hast,
dir und den deinen
hundertfältige Frucht bringen,
tausendfältige jedoch, wenn du sie teilst.

6. April

Möge es nie Augenblicke geben,
in denen du dich deines Glaubens schämst.
Doch mögest du viele Stunden erleben,
in denen der Glaube dich
zu einem reichen Mann macht.

7. April

Mögest du nie
an deinen Tieren schuldig werden.
Mögest du nie den unschuldigen Tod
eines Tieres verantworten müssen.

8. April

Mögen deine Kartoffeln
keinen Frost bekommen
und der Kohl keine Würmer.
Möge deine Geiß genug Milch geben,
und wenn du einen Esel erbst,
möge er trächtig werden.

9. April

Möge das schwarze Schaf in deiner Herde
nicht der irrigen Ansicht sein,
dass alle anderen Fehlfarben tragen.

10. April

Möge Gott in seiner Weisheit
und in seiner unendlichen Liebe
immer auf dich herabschauen.
Möge er dir Glück schicken,
Zufriedenheit und Frieden.
Möge der Segen, der auf dir ruht,
immer mehr wachsen.

11. April

Wir preisen dich, Jesus,
und wir werden dich immer preisen.
Wir preisen die Königin der Glorie.
Ewige Ehre möge ihnen zuteil werden.

12. April

Mögen hundert gute Worte mehr wiegen
als tausend Pennys in deiner Tasche.

13. April

Alles, was ich mit meinem Spaten umgrabe,
tue ich mit meines Gottes Hilfe.
Alles, was ich mit meinem Spaten umgrabe,
tue ich mit Hilfe meines Retters.
Alles, was ich mit meinem Spaten umgrabe,
tue ich mit Hilfe des Heiligen Geistes.
Alles, was ich mit meinem Spaten umgrabe,
tue ich mit Hilfe der göttlichen Dreifaltigkeit.
Jedesmal, wenn ich den Boden umgrabe,
tue ich es um der Drei in Eins willen.

14. April

Mögen deine Feinde die Bienen hören,
aber mögest du den Honig ernten.

15. April

Möge dich nie das Gefühl beschleichen,
einen Tag nutzlos verbracht zu haben.

16. April

Mögest du deiner Arbeit
nie überdrüssig werden.
Möge deine Arbeit
Liebe und Wärme denen geben,
die dir anvertraut sind.

17. April

Mögest du alles, was du tust,
aus Überzeugung
und mit dankbarem Herzen tun.
Mögest du alles, was du tust,
vor dir selbst stets verantworten können.

18. April

Möge die Schönheit,
wie sie von Gott gewollt ist,
die Grundlage deiner Arbeit sein.

19. April

Mögen auch zwei gefaltete Hände
Hände der Arbeit sein.
Mögest du deine Arbeit mit dem Gebet krönen.

20. April

Entzückend ist der Jahreszeiten Glanz.
Der rauhe Winter ist gegangen.
Ergiebig schmückt sich der Wald
und leuchtet rein.
Einen freudigen Frieden verströmt der Sommer.

21. April

Ich wünsche dir
einen Morgen voller Erwartung,
einen Mittag voller Taten,
einen Abend voller Erfüllung
und eine Nacht voller Dank.

22. April

Wer mittags sein Bett macht,
weiß nicht, welchen Segen der Morgen hat.
Möge dein Tag nicht erst beginnen,
wenn dir die Sonne auf den Kopf sticht.

23. April

Möge kein Wort über deine Lippen kommen,
das dich am Abend gereut,
wenn du es aber gesprochen hast,
möge ein verzeihendes Lächeln es tilgen.

24. April

Möge das Glück der Iren
dich zu glücklichen Höhen führen,
und der Höhenweg,
den du in der Mittagssonne gehst,
sei mit grünen Lichtern bestückt.

25. April

Mögest du an jedem Mittag
die Arbeit unterbrechen,
aber nicht, um den Vormittag zu loben
und den Nachmittag zu bejammern.

26. April

Wenn du arbeitest,
gib jeder Tageshälfte ihr Recht.
Jeder Tag hat zwei Hälften.
Mögest du keine der anderen vorziehen.

27. April

Möge dich beim Essen
immer der Gedanke begleiten,
dass sich auch das kleinste Stück Brot
noch teilen lässt.

28. April

Einen Segensspruch über die Brote, den Fisch.
Tausende wurden einst satt.
Gott gebe allen zu essen.
König des Festmahls, Herr der Nahrung,
segne alles, was wir haben,
segne alles, was wir teilen.

29. April

Wenn du deinen Whiskey trinkst,
bedenke, dass es auch ein anderes Wasser
des Lebens gibt.

30. April

Möge dein Ohr nie taub sein,
wenn jemand um einen Schluck Milch bittet.

Mai

1. Mai

Zu jeder Zeit, die wir beieinander sitzen
und essen,
lasst uns Gott im Himmel danken
für unser Brot und für unser Zusammensein.
Es ist Gott, der unseren Tisch deckt,
den wir loben, den wir anbeten.

2. Mai

Sei mit mir, o Gott, beim Brotbrechen,
sei mit mir, o Gott, wenn ich mein Mahl teile.
Lass nichts von dem,
das mein Körper zu sich nimmt,
meiner hungrigen Seele schaden.

3. Mai

Möge dein Blick so freundlich sein,
dass er dem Hungrigen eine Mahlzeit ersetzt.

4. Mai

Dank sei dir, o Gott,
gepriesen seist du, o Gott,
Verehrung sei dir, o Gott,
für alles, was du mir zuteil werden ließest.
Du hast mir ein körperliches Leben gegeben,
für das ich meine Nahrung verdiene.
Du hast mir auch eine Seele geschenkt,
für die ich auch Nahrung erbitte.
Gewähre mir einst ewiges Leben,
damit ich dich in deiner Glorie sehen darf.

5. Mai

Mögest du immer ein Lied in deinem Herzen
und ein Lächeln auf deinen Lippen haben
und nichts als Freude in deinen Fingerspitzen.

6. Mai

Das Auge des großen Gottes,
das Auge des Gottes der Herrlichkeit,
das Auge des Königs der Heerscharen,
das Auge des Königs des Lebens ruhe auf uns,
in der Stunde des höchsten Sonnenstandes,
zu jeder Zeit und Jahreszeit.
Es ruhe sanft und großmütig auf uns.
Ehre sei dir, du glorreiche Sonne.
Ehre sei dir, Sonne du,
Gesicht des Gottes des Lebens.

7. Mai

Heil dir, du Sonne der Jahreszeiten,
die du die Firmamente hoch oben durchquerst.
Deine Schritte gehen fest
auf den Flügeln der Himmel.
Du bist die glorreiche Mutter der Sterne.
Du bettest dich zur Ruhe im wütenden Ozean
ohne Schaden und Furcht.
Du erhebst dich aus dem friedlichen Wellenkamm
wie eine königliche Maid im Duft der Blüten.

8. Mai

Sei bedacht, dass du am Mittag
die Hälfte deiner Arbeit getan hast
und nicht am Abend.
Möge der sanfte Abend
der Ausklang des lebhaften Mittags sein.

9. Mai

Mögest du in der zweiten Hälfte des Tages
nie die erste bedauern.
Gott sei auch mit dir zufrieden,
wenn du im Alter
nur einen halben Arbeitstag zuwege bringst.

10. Mai

Möge die Sonne über dir
ein verlässlicher Begleiter
durch den Tag sein.
Bei Regen aber mögen gute Gedanken
dich schützen.

11. Mai

Sonne, hoch dort droben,
unter dem Mantel deiner Strahlen
wärme mir die Glieder,
die frostigen Finger,
die schmerzenden Füße.
Mache den Rücken geschmeidig
für die Last, die ich trage,
mache meine Sinne froh
bei dem Gedanken an die Lieben daheim.

12. Mai

Möge dein Haus voller Lachen sein,
mögen sich deine Taschen mit Gold füllen,
und mögest du so viel Glück haben,
wie dein Herz festhalten kann.

13. Mai

Möge Gott dich schützen,
möge seine große Liebe
in deinem Haus
und in den Herzen aller bleiben,
die darin wohnen.

14. Mai

Möge reicher Segen dich begleiten.
Deine Freunde mögen dir immer zur Seite stehen.
Krankheiten mögen dich meiden.
Ob reich oder arm – wo immer du dich befindest,
möge Glück dich umgeben, jetzt und immerdar.

15. Mai

Mögest du eine Welt der guten Wünsche
unter deinem Befehl haben,
Gott und seine Engel nah zur Hand.
Freunde und deine Familie,
die dir ihre Liebe schenken –
und irische Segenswünsche in dein Herz.

16. Mai

Mögen deine Freunde dich achten,
Krankheiten dich vernachlässigen,
Engel dich beschützen
und möge der Himmel dich annehmen.

17. Mai

Mögest du immer zu essen haben,
ein weiches Kopfkissen für deinen Kopf.
Mögen gute Freunde dich begleiten
und deiner Kinder Kinder dich erfreuen.
Und mögest du 40 Jahre im Himmel sein,
bevor der Teufel deinen Tod bemerkt.

18. Mai

Mögest du
mit verlässlichen Freunden gesegnet sein.
Mögen deine Freunde in dir
einen verlässlichen Freund finden.
Und: Möge das Leben dich lehren,
dir selbst ein guter Freund zu sein.

19. Mai

Mögen alle, die uns lieben, uns immer lieben.
Möge Gott jenen, die uns nicht lieben,
ihre Herzen umkehren.
Und wenn Gott ihre Herzen nicht wandelt,
möge er ihre Fußgelenke verdrehen,
so dass wir sie am Hinken erkennen können.

20. Mai

Möge deine rechte Hand
nur immer in Freundschaft ausgestreckt sein
und nie, wenn sie Mangel leidet.
Möge Gott dir ein Bett
in der Pracht des Himmels bereiten.

21. Mai

Mögen eure Hände immer in Freundschaft
verbunden sein
und eure Herzen für immer in Liebe.
Möget ihr eine Generation Kinder erleben
und die Kinder eurer Kindeskinder.

22. Mai

Mögen sich deine Wünsche erfüllen
außer einem,
so dass du immer etwas hast,
wofür du ringen, wonach du streben kannst.

23. Mai

Gesundheit und ein langes Leben für euch,
Land, das ihr nicht pachten müsst,
und jedes Jahr ein Kind.
Und wenn ihr nicht in den Himmel
kommen könnt,
möget ihr wenigstens in Irland sterben.

24. Mai

Das Herz dessen, der hart ist
gegenüber seinem Nachbarn,
wird wie ein Bimsstein
in der Mitte seiner Brust sein.
Die Zunge dessen, die sich Flüchen öffnet,
wird sein wie ein kochender Kessel
in seinem Mund.

25. Mai

Vor den Feinden meines Landes,
vor den Feinden meines Glaubens,
vor allen Feinden,
die uns einen schlechten Dienst erweisen,
bewahre uns, o Herr, im Leben und im Tod
mit dem Zeichen des Kreuzes immerdar.

26. Mai

Möge das Herz planen
und mögen die Hände tun.
Frieden deiner Hand
und Gesundheit allen, die sie schütteln.

27. Mai

Mögest du die Macht des Sturmes haben,
die Kraft des Mondes,
die geballte Energie der Sonne,
die Gewalt der See,
die Ausdauer des Weges,
die Herrlichkeit des Himmels.

28. Mai

Möge Christus im Herzen eines jeden sein,
der meiner gedenkt.
Möge Christus im Munde eines jeden sein,
der zu mir spricht.
Möge Christus in jedem Auge sein,
das mich sieht.
Möge Christus in jedem Ohr sein,
das mich hört.

29. Mai

Mögest du ein gutes Gedächtnis haben,
wenn du an gute Menschen denkst,
aber ein kurzes,
wenn du an schlechte denkst.

30. Mai

Der Segen Gottes und des Herrn Jesus Christus
sei mit dir, mit deiner Familie
und deinen Freunden.
Der Segen des Heiligen Geistes sei mit dir.
Der Segen der drei sei über dich ausgegossen
und über die anderen, behutsam und großzügig.

31. Mai

Möge deine Zeit behütet sein,
dein Schritt vom Segen des Himmels
begleitet werden.
Und der Frieden,
den das himmlische Kind in die Welt brachte,
sei auf allen Wegen dein Gefährte.

Juni

1. Juni

Das Auge des großen Gottes wache über dich,
das Auge des Gottes der Herrlichkeit
blicke auf dich,
das Auge des Sohnes der Jungfrau Maria
gebe auf dich Acht,
das Auge des Heiligen Geistes ruhe sanft auf dir.
Einmal, um dir zu helfen, zum anderen,
um dich zu behüten.
O, das freundliche Auge der Drei
gebe Obacht auf dich,
um dir zu helfen und um dich zu behüten.

2. Juni

Möge Gottes Segen mit dir sein
und möge er dir gut tun.
Möge Gottes Güte mit dir sein,
gut und siebenmal gut
mögest du dein Leben verbringen.

3. Juni

Mögest du vielfach gesegnet sein!
Die Sonne scheine über dich,
dein Leben mache dir Freude
und möge für immer gelten: Gott liebt dich!

4. Juni

Mein persönlicher Segen für dich!
Der Segen Gottes sei mit dir,
der Segen des Geistes Gottes sei mit dir
und mit deinen Kindern,
ja, mit dir und deinen Kindern.

5. Juni

Möge das Kreuz Christi
über eurer neuen Wohnung stehen.
Möge das Kreuz Christi über eurem Herd sein.
Möge das Kreuz Christi eure neue Bleibe segnen.

6. Juni

Möge das Glück der grünen Insel
dir auf deinen Wegen immer nahe sein.
Mögen gute Freunde dich begleiten.
Möge jeder neue Tag, der kommt,
dir wirklich eine besondere Freude machen,
um dich aufzuheitern.

7. Juni

Mögen deine Feinde Moorwasser trinken,
während du Whiskey zu dir nimmst.

8. Juni

So wie Er den neuen Glauben
nach Irland brachte,
so möge Er dir eine Kostprobe
irischen Glücks bringen
bei allem, was du tust.
Und wie der gute St. Patrick
mögen dein Haus und dein Leben
mit Gottes besonderer Gunst gesegnet sein.
Das mache dich glücklich!

9. Juni

Gott, der Vater, sei mit dir,
wenn du heute hinausgehst.
Jesus, Sohn der heiligen Maria,
behüte dich auf deinem Weg.
Der Heilige Geist, der Tröster,
bringe dich am Ende des Tages
wohlbehalten nach Hause.
Gott, Maria und St. Patrick mögen dich grüßen
und dich in deinem Haus beschützen.

10. Juni

Reichlich Nahrung mögen sie haben,
genug an Getränken,
Betten und Bier,
einen großen Reichtum an Fröhlichkeit –
und ein langes Leben.
Möge der König der Elemente
ihre Hilfe sein,
möge der König der Herrlichkeit
ihnen nahe sein.

11. Juni

Michael, du glänzender Krieger,
König der Engel,
beschütze und bewache die meinen
mit der Kraft deines Schwertes.
Und auch du, Brigid, du hübsche und zärtliche,
du in den Farben wie Baumwollgras,
du prächtiges Mädchen mit Locken von Gold.
Maria, du schöne und zarte,
sei nahe bei ihrem Herd.

12. Juni

Der Herr segne dieses Haus:
jeden Sturz, jeden Stein, jeden Flur,
jenen Tisch, an dem wir sitzen,
die Räume und jene Tür,
die die Fremden willkommen heißt,
die sich den Armen ebenso öffnet
wie Freunden und Verwandten,
die Fenster, die das Sonnenlicht einlassen,
die Dachsparren hoch oben
und die Mauern ringsum.
Gott erhalte uns glücklich und gesund
und gebe unseren Nachbarn Liebe und Frieden,
und wenn unsere Zeit auf Erden zu Ende ist,
schenke Gott uns die Krone des Lebens
und bringe uns in das königliche Haus
des Himmels.

13. Juni

Die gesegneten Wohnorte
von Cormac und Columba
mögen dir Heimat sein,
die Heiligen mögen dich
bei deinem Auftrieb und Wiederkommen
beschützen.

14. Juni

Gott, Herr der Winde! O, höre mein Gebet.
Gewähre mir eine glückliche Überfahrt.
Geleite mich sanft über die schlummernde Tiefe.
Mögen günstige Brisen mich
über den rauhen Felsen führen
und die sich bäumenden Wellen.
Sei du mein vorauseilender Führer.
Beschütze mich vor dem zornigen Ozean
und vor seiner wütenden Herrschaft.

15. Juni

Die Liebe deines Schöpfers sei mit dir
und begleite dich.
Möge der Weg zu deinem Haus
auch bei Dunkelheit begehbar sein.
Mögest du nie mit dem linken Schuh
dein Haus verlassen.
Möge dich dein Schutzengel
auf allen Wegen begleiten
und dir dort, wo er dir nicht folgen kann,
einen deftigen Knotenstock in die Hand geben.

16. Juni

Mögest du auf deinen Wegen
viele Schutzgeister um dich haben.
Mögest du unterwegs
die Fußstapfen des Schutzengels
an deiner Seite spüren.

17. Juni

Licht möge um dich sein,
Licht außen und innen.
Wo du auch unterwegs bist –
mögest du freundlich gegrüßt werden
von dem, den du auf der Straße triffst.

18. Juni

Gott halte dich in seiner Hand,
wenn die Klippen steil sind,
Gott halte dich in seiner Hand,
wenn die Nacht trostlos ist,
Gott halte dich in seiner Hand auf dem Weg,
den du beschreitest,
Gott halte dich in seiner Hand
und sei zu deinen Häupten.

19. Juni

Mögest du gesegnet sein …
mit der Kraft des Himmels,
mit dem Licht der Sonne,
mit den Strahlen des Mondes,
mit der Stärke des Feuers,
mit der Geschwindigkeit des Lichtes,
mit der Schnelligkeit des Windes
und mit der Festigkeit der Erde.

20. Juni

Ich überantworte dir mein kleines Lebensschiff.
Wache über mich, Herr.
Mein kleines Schiff dümpelt
im Salzwasser des Lebens.
Führe mich, o Gott, denn ich bin dein.
Begleite mich an diesem Tag, lieber Gott,
in der Ebbe und Flut meines Lebens.
An diesem Tag, o Gott, sei bei mir,
ob auf festem Land oder zur See.

21. Juni

Möge der ewige Vater dich beschützen
im Osten und im Westen, wohin du immer gehst.
Möge Christi Schutz dich für immer begleiten.
Möge Gott jeden deiner Schritte sicher machen,
möge Gott dir jedes Hindernis beseitigen,
möge Gott jede Straße für dich begehbar machen
und möge er dich
in den Griff seiner eigenen zwei Hände nehmen.

22. Juni

Möge der Vater
dich in seine liebenden Arme nehmen,
wenn du einen reißenden Strom überquerst
und den schwarzen Fluss des Todes.

23. Juni

Unbegreiflicher, der du über allem bist,
du himmlischer Führer,
du Tröster, du Sorgender und Ernährer
deiner Herde in den Bergen,
rette mich, beschütze mich und höre mich,
einen gefährdeten Wanderer in den Höhen.
Hilf mir, nimm mich in deine Obhut, lenke mich,
schütze mich vor Räubern und Tod,
vor Hunger, Furcht, vor Dunkelheit,
Ruin und jeglicher Gefahr.
Nimm mich am letzten Tag des Universums
bei der Hand,
sei kein Fremder für mich.
Beschütze mich vor dem berstenden,
fahlroten Blitz und dem dunklen Donner,
vor Krieg und Naturkatastrophen
und den alles spaltenden Elementen.

24. Juni

Gott vor mir, Gott hinter mir,
Gott sei auf dem Weg, auf dem ich verschnaufe.
Gott über mir, Gott unter mir,
Gott sei überall, wo ich gehe,
Gott sei in der Höhe,
Gott sei im Schatten,
Gott sei im Licht,
Gott halte mich in seinem Arm,
er komme mir zur Hilfe.

25. Juni

Gott sei mit dir auf jedem Bergpass,
Jesus sei mit dir auf jedem Hügel,
der Heilige Geist sei mit dir auf jedem Fluss,
auch im Hochland, an jeder Landspitze,
auf jedem Gebirgskamm und auf jeder Rasenfläche.
Jeden Schritt des Tages gehst du mit,
ob am See, auf dem Land, im Moor
und auf der Wiese,
ob in den Tälern der Wellen
oder auf den Kämmen der Wogen.

26. Juni

Möge das Auge Gottes auf dir ruhen,
wenn du unterwegs bist,
der Fuß Christi dich leiten,
möge die Fülle des Geistes
sich reichlich und großzügig über dich ergießen.
Gottes Frieden mit dir, Jesu Frieden mit dir,
des Geistes Frieden mit dir
und mit deinen Kindern
an jedem Tag und in jeder Nacht unseres Lebens.

27. Juni

Mögest du bedenken,
dass die Enden des Regenbogens
in der Erde zu Hause sind,
der Bogen aber die Weite des Himmels
überspannt.

28. Juni

Gott, segne die Welt und alles, was in ihr ist.
Gott, segne meine Frau und meine Kinder,
wenn ich fort bin.
Segne, o Gott, die Augen in meinem Kopf
und segne, o Gott, was meine Hand tut.
Wann immer ich mich spät zu Bett begebe,
segne mich beim Aufstehen am frühen Morgen
und zur Nacht beim Zubettgehen.

29. Juni

Möge Gott dir die Gabe des Humors verleihen,
offene Ohren für einen Scherz,
die Gnade, dem Leben etwas Glück abzugewinnen,
und die Bereitschaft für einen neuen Spaß.

30. Juni

Leben sei in meiner Sprache, Sinn in dem,
was ich sage,
der Duft der Kirschen sei auf meinen Lippen
bis ich zurückkehre.
Die Liebe Jesu Christi
möge jedes Herz für mich öffnen.
Die Liebe Jesu Christi erfülle mich für jedermann.
Wenn ich die weiten Ebenen durchschreite,
die Wälder durchquere,
wenn ich durch lange, abenteuerliche Täler gehe,
möge die schöne, reine Maria mir beistehen,
der Hirte Jesus sei mein Schutz.
Möge die schöne, reine Maria mich schützen,
der Hirte Jesus sei mein Schild.

Juli

1. Juli

Möge Gott dir seine Hilfe gewähren,
wenn deine zerbrechliche schwarze Barke
durch die Gischt des dunklen Ozeans steuert,
durch das aufschäumende weite Meer.
Möge der Wind immer in deinem Rücken sein,
vor allem, wenn du Samstagnacht
nach Hause kommst.

2. Juli

So einzig du bist, sollst du auch wissen,
dass du ein eigenes Schicksal hast,
aber auch, dass hinter allem Schein,
hinter aller Fassade und Tünche
das Schöne, Gute und Ewige auf dich wartet.
Mögest du lernen,
dich mit der gleichen Freude, mit Stolz und Wonne
zu achten und wahrzunehmen,
mit der Gott dich in diesem Augenblick gewahrt.

3. Juli

Mögen deine Schuhe
auf der Reise nicht löchrig werden,
wenn aber doch, bedenke,
dass man barfuß ins Paradies gelangen kann.

4. Juli

Du bist hinausgegangen, manchmal ohne Ziel.
Du bist hinausgegangen,
mögest in deinem Leben du
die Gegenwart, die Kraft und das Licht entdecken,
die deiner Seele angehören.
Mögest du wissen, dass du niemals allein bist,
dass deine Seele dich durch ihren Glanz
und ihr Einssein mit dir unzertrennbar
mit dem Rhythmus der Welt verbindet,
mit dem Rauschen der Erde im Universum,
mit den Flügeln Gottes im All.
Möge dir bewusst sein, dass du einzig bist,
nicht die Kopie eines Mannes,
nicht der Abdruck einer Frau,
nicht die Nachahmung einer fernen Gestalt.

5. Juli

Möge das Heimweh dir immer den Weg nach
Hause zeigen, wo du auch weilst.
Möge das Licht im Fenster deines Hauses
auch in der trübsten aller Nächte
nicht verlöschen und dir Wegweiser sein.
Möge das Lachen deiner Kinder
das Pfeifen des Windes übertönen
und den Gesang des Regens vor deiner Tür.
Mögest du immer wissen,
wohin du zurückkehren wirst,
auch wenn deine Augen blind sind.

6. Juli

Möge Gott ausreißen und vernichten,
was der Widersacher in mir gepflanzt hat.

7. Juli

Mögen dir, o Gott,
alle Scharen der Engel singen
mit allen ihren Liedern.
Mögen dich die Höhen des Himmels preisen
mit ihren ungebundenen Blitzen.

8. Juli

Ewiges Licht scheine in unsere Herzen,
ewige Güte befreie uns vom Bösen,
ewige Kraft sei unsere Stütze,
ewige Weisheit zerstreue das Dunkel
unserer Unwissenheit.
Ewiges Erbarmen werde uns zuteil,
damit wir mit unserem ganzen Herzen
und Verstand,
mit unserer Seele und Kraft dein Antlitz suchen
und durch deine unendliche Gnade
und Barmherzigkeit
zu deiner heiligen Anschauung gelangen.

9. Juli

Möge dein Herz nicht zur Ruhe kommen,
wenn du in verweinte Augen schaust.

10. Juli

Möge Gott uns seine Liebe einhauchen,
damit wir ihn lieben, wie es ihm zusteht.
Möge Gottes Liebe unser Wesen ganz erfassen
und uns alle ganz besitzen.
Gottes Liebe erfülle unsere Herzen.
Mögen wir keine andere Liebe kennen,
als die zu Gott, dem Ewigen.
Keine Fluten des Meeres,
der Luft und der Erde sollen Gottes Liebe
in uns auslöschen.

11. Juli

Mögen die Gewichte des Leids,
das dich niederdrückt,
durch zwei starke Engel aufgefangen werden.

12. Juli

Mögest du zu einem armen Mann nachsichtig
und gut sein,
ihn wärmen, ihn kleiden und ihm zu essen geben.
Mögest du den Armen freizügig Almosen geben
und immer bedenken, dass Christus
in der Gestalt des armen Menschen
vom Himmel kam.

13. Juli

Mögen Segenswünsche dich stets begleiten.
Eine sanfte Brise umfange dich,
wenn der Sommer kommt,
ein wärmendes Feuer sei dir nicht fern,
wenn der Winter naht.
Und immer stütze dich
das aufmunternde Lächeln eines Freundes.

14. Juli

Möge der Segen Gottes
auch mit deinen zwei linken Händen sein.

15. Juli

Mögen deine Hände so zahlreich sein
wie die Gäste an deinem Tisch,
damit du jedem eine Hand hinstreckst,
die gibt.
Mögest du so viele Herzen haben,
wie Menschen an deinem Tisch Platz finden.

16. Juli

Möge die Gabe, um die ich bitte,
mir nicht verweigert werden.
Denn ich ersehne Frieden zwischen Gott und mir.
Möge ich die Straße finden,
die an das Tor deiner Herrlichkeit führt,
o großer Christus.
Möge ich glücklich sein,
wenn ich an deinem Thron stehe.

17. Juli

Möge der Regenbogen
dich an die Brücke erinnern,
über die du ins himmlische Paradies gelangst.
Mögen die sieben Farben des Regenbogens
wie sieben Siegel der Treue Gottes zu dir sein.

18. Juli

Mögest du von Herzen jedermann vergeben
und für alle, die dir das Leben schwer machen,
beständig beten.
Mögest du mit lebendigem Eifer die Gebete
für die Toten verrichten,
so als wäre jeder verstorbene Christ
dein besonderer Freund.

19. Juli

Mögest du immer im Licht
des Himmels stehen,
und wenn dich der Schatten des Bösen trifft,
möge er vor dir Reißaus nehmen.

20. Juli

Mögest du bereit sein, den Wanderern
Unterkunft bis zum Morgen zu geben,
auch Speise und Trank dem, der hungrig ist.
Wenn dein Freund krank ist
oder auf dem Krankenbett liegt,
mögest du ihm bringen, wonach er verlangt
und ihm Trost schenken.
Mögest du nie den Fluch einer Witwe spüren.
Mögest du niederknien
und deine Gebete sprechen,
wenn du zur Nachtzeit ins Bett gehst,
und das Gleiche tun,
wenn du am nächsten Morgen aufstehst.

21. Juli

Ehre sei dem Vater und dem Sohn,
Ehre dem allerheiligsten Gott.
Ehre ihm, der das Kreuz trug und alle Welt erlöste.
Ein großes Lob unserem Leitstern,
Maria, der Mutter Gottes.
O ihr heiligen Frauen,
die den Himmel schmücken in Glanz und Licht,
ich rufe euch immer an,
sowohl am Morgen wie am Abend:
Kommt zu mir, führt mich
und bewahrt mich vor Furcht.
Lasst mich meine Sünden bereuen
und wascht mich in Tränen,
führt mich zum Himmel,
wenn meine Jahre enden.

22. Juli

Ich grüße dich, o Haus Gottes,
mögest auch du mich grüßen.
Ich hoffe, dass die heiligen zwölf Apostel
heute für mich beten.
Ich beuge mein rechtes Knie vor dem Hochkönig
und mein linkes Knie vor dem Heiligen Geist
in der Hoffnung, dass sich mit mir
alle aufrichten werden,
alle, die vor mir waren und nach mir sind.
Sie mögen sich erheben
vom Boden der Schmerzen und der Strafen –
und ein »Amen« schicke ich ihnen nach.

23. Juli

Ihr ungezählten Grashalme,
ihr Sandkörner am Ufer der See,
ihr Tautropfen in der Morgensonne:
Mögen die Segenswünsche des Königs der Gnade
auf allen ruhen, die vorübergehen,
die einst waren, die jetzt sind
und demnächst sein werden.
Möge der Segen über jeden kommen,
in dessen Gesicht ich sehe.

24. Juli

Möge die Luft dich segnen,
das Wasser und der Wind,
die See und alle Stunden
der Sonne und des Mondes.

25. Juli

Mögest du nicht mit Stolz
auf deine Schuhe schauen,
auch nicht stolz auf deinen schönen Mantel.
Wenn du über die Straße gehst, sei demütig
und grüße einen armen Menschen
immer zwei Mal.

26. Juli

Ich wünsche dir die Gesundheit
jenes einzigartigen Mannes,
der seine Glieder
am Baum des Leidens ausstreckte,
um die Menschheit zu erlösen.
Ich wünsche dir die Gesundheit jener edlen Frau,
die ihren Sohn ohne Gemahl gebar.
Ich wünsche dir die Gesundheit
des heiligen Patrick, der Irland segnete.

27. Juli

Möge die Kraft Gottes uns führen.
Möge die Macht Gottes uns behüten.
Möge die Weisheit Gottes uns lehren.
Möge die Hand Gottes uns beschützen.
Möge der Weg Gottes uns lenken.
Möge der Schild Gottes uns verteidigen.
Möge das Heer Gottes uns bewahren
vor den Schlingen des Bösen
und den Versuchungen der Welt.

28. Juli

Verleihe mir, Herr, die Gabe des Humors,
offene Ohren, um für einen Scherz
empfänglich zu sein,
die Gnade, dem Leben etwas Glück abzugewinnen,
und die stete Bereitschaft für einen neuen Spaß.

29. Juli

Die Gestalt Christi stehe mir gegenüber,
die Gestalt Christi sei bei mir,
die Gestalt Christi sei vor mir,
die Gestalt Christi sei hinter mir,
die Gestalt Christi sei über mir,
die Gestalt Christi sei unter mir,
die Gestalt Christi sei mit mir,
die Gestalt Christi umgebe mich
von Montag bis Sonntag.

30. Juli

Möge dein Freund Glück heißen
bei allem, was du tust,
und möge Kummer
immer ein Fremdling für dich sein.

31. Juli

Mögen deine Sorgen gering,
die guten Wünsche für dich aber zahlreich sein,
und nur das Glück
trete durch deine Tür.

August

1. August

Du hast mich mit Freuden gesegnet,
mit Frohsinn und Spaß,
mit Regen, der so weich ist
wie das Licht der Sonne.
Du hast mich mit Sternen gesegnet,
um jede Nacht zu erleuchten.
Du hast mir Verstand gegeben,
um Falsches von Richtigem zu unterscheiden.
Du hast mir so viel gegeben, das mir gefällt –
Gott, gib mir auch ein Herz,
das dir immer dankbar ist.

2. August

Mögest du hundert Jahre leben
und ein Jahr extra, um die anderen
wieder gut zu machen.

3. August

Möge dir jeder Tag Freude machen,
kein Tag dich betrüben.
Das Leben sei reich und stelle dich zufrieden.
Überfluss möge deinen Lebensweg begleiten.
Mögest du bald einen Sohn bekommen
und möge eine Tochter nicht nachstehen.
Die große Weisheit der Schlange sei mit dir,
die Kraft des Feuers sei mit dir,
mögest du den Segen der Gnaden spüren.

4. August

Mögen deine Taschen schwer sein,
dein Herz aber sei leicht,
und möge das Glück dich verfolgen
an jedem Morgen und in jeder Nacht.

5. August

Mögen die Liebe und der Schutz,
die St. Patrick geben kann,
dir in Fülle zuteil werden,
solange du lebst.
Wie die Wärme der Sonne
und das Licht des Tages
möge das Glück Irlands
hell auf deinen Weg leuchten.

6. August

Mögest du gesegnet sein
mit der Kraft des Himmels,
mit dem Licht der Sonne,
mit den Strahlen des Mondes,
mit der Kraft des Feuers,
mit der Geschwindigkeit des Lichtes,
mit der Schnelligkeit des Windes,
mit der Tiefe der See,
mit der Standfestigkeit der Erde,
mit der Härte des Felsens.

7. August

Möge der Segen des Lichtes über dir sein,
Licht außen und Licht innen.
Möge das gesegnete Sonnenlicht dich bescheinen
und dein Herz erwärmen,
bis es wie ein großes Torffeuer glüht.
Möge der Fremde kommen und sich an ihm wärmen
und ebenso ein Freund.

8. August

Möge dein Herz warm und glücklich sein
mit einem Quäntchen irischen Lachens
an jedem Tag, auf allen Wegen, für immer
und alle Zeit.

9. August

Ich wünsche dir einen Regenbogen
nach Regenschauern
an einem Sonnentag.
Ich wünsche dir Meilen für Meilen
irischen Lächelns
für kostbare und glückliche Stunden.
Ich wünsche dir Kleeblätter an deinem Torweg,
ebenso Frohsinn und Glück.
Ich wünsche dir eine nie endende Schar
von Freunden
für jeden Tag, dein ganzes Leben lang.

10. August

Möge dein Gebet,
das um Wohltaten bittet
und für das Brot auf dem Tisch,
nie ohne Dank bleiben
für die Befreiung aus Sündenschuld.

11. August

Möge der Mittag
die Freude des geteilten Tages sein.
Er möge uns auch daran erinnern,
was Gott für uns Menschen tat:
dass er den Engel zur Jungfrau schickte
und ihr seine Botschaft brachte,
dass die Jungfrau den Erlöser gebar.

12. August

Mögest du immer einen Blick
für das Sonnenlicht haben,
das sich in deinen Fenstern spiegelt,
und nicht für den Staub,
der auf den Scheiben liegt.

13. August

Diese Dinge wünsche ich dir von Herzen:
jemanden, den du lieben kannst,
genug Arbeit,
stets ein bisschen Sonne,
ein Quäntchen Fröhlichkeit
und einen wachsamen Engel
in deiner Nähe.

14. August

Mögen die Segenswünsche
und die Liebe des heiligen Patrick
über dich kommen –
über dein Haus, über deine Lieben, über alles.
Möge der gute St. Patrick dich segnen
und dich in seinem Schutz bewahren.
Möge Gott, der Vater,
immer in deiner Nähe sein,
um auf jedes deiner Gebete zu antworten.

15. August

Mögest du keine Grenzen kennen,
wenn du etwas Gutes tun kannst.

16. August

Möge Gott in seiner Weisheit
und in seiner unendlichen Liebe
vom hohen Himmel
immer auf dich herabschauen.
Möge er dir nur Glück schicken,
Zufriedenheit und Frieden,
und möge der Segen, der auf dir ruht,
immerzu wachsen.

17. August

Möge es dir auf deiner Seelenreise gelingen,
jenen Ort zu finden,
wo dich ein gesegneter Reichtum an Liebe,
Wärme, Nähe
und Vergebung erwartet.

18. August

Mögest du alle Freude haben,
die du dir schuldest,
mögen die Jahre dir gnädig sein.
Möge ein blauer Himmel über dir lächeln
und möge Gott dich lieben –
an allen deinen Tagen.

19. August

Möge der gute St. Patrick
dir jenen Segen bringen,
der immer hält,
und möge sein Geist stets bei dir sein,
bei dir und den deinen.
Möge der Schutzheilige Irlands
dich jeden Tag in sein Herz schließen
und dich auf besondere Weise mit Glück segnen.

20. August

Möge die Freude,
die durch ein lustiges irisches Lied zieht,
und alles Glück, das Kleeblätter bringen,
das ganze Jahr über mit dir sein.
Mögest du mit Segenswünschen
reich bedacht werden,
Vergnügungen und Freunde haben,
um alle Lebenswege zu genießen,
und möge St. Patrick über dir lächeln –
heute und jeden Tag.

21. August

Die Macht des Gewitters sei dein,
die Fähigkeit des Mondes sei dein,
die Kraft der Sonne sei dein.
Mögest du die Macht des Meeres in dir spüren,
das Talent des Landes haben,
ja, auch die Kraft des Himmels.
Mögest du auch die Ruhe der See spüren,
die Sanftheit der Luft und die Unendlichkeit
des Himmels.

22. August

Möge unser gesegneter, guter St. Patrick,
den wir alle so herzlich lieben,
immer ein verlässlicher Mittler sein
und dir viel Segen von oben bescheren.
Mögest du mit guter Gesundheit gesegnet sein,
um dich des Lebens zu erfreuen.

23. August

Umschließe mich, Herr,
bleib mir mit deinem Schutz nahe
und halte jede Gefahr von mir ab.
Schließe mich in dich ein, o Gott,
lass nur die Hoffnung bestehen
und gib dem Zweifel keinen Raum.
Umgib mich, Herr, erhalte mir das Licht
und sperre die Dunkelheit aus.
Umspanne mich, o Gott,
lass Frieden in mir gedeihen,
das Böse sei mir fern.

24. August

Bedenke, dass bei allem,
was du an Gutem planst
und an Gutem tust
noch jemand anderer
dir seine Hand leiht.

25. August

Mögen Bäche und Bäume
und die singenden Hügel
in den Chor einstimmen,
der den Sommer lobt.
Jeder sanfte Wind, der bläst,
sende dir Glück!

26. August

Dein sei die Kraft des Stromes,
die Macht des Ozeans, der Sieg auf dem Feld.
Dein sei die Macht des Feuers,
die Gewalt der Höhe
und die Kraft des starken Felsens.
Möge die Gewalt der Elemente mit dir sein,
die Kraft der Quelle
und die Macht der Liebe aus der Höhe.

27. August

Möge Gott dir kein Hindernis
in den Weg stellen
und auch keinem,
bei dem es dich verletzen würde,
und auch keinem, der uns helfen könnte.

28. August

Wo immer das Glück wohnt,
hoffe, ebenfalls dort zu sein.
Wo immer jemand freundlich lächelt,
hoffe, dass sein Lächeln dir gilt.
Wo immer die Sonne aus den Wolken
hervorbricht,
hoffe, dass sie besonders für dich scheint,
damit jeder Tag deines Lebens
so hell wie nur möglich sei.

29. August

Gib mir, o Gott, ein klares und wachsames Auge.
Gib mir, o Gott, ein starkes
und doch sanftes Gefühl.
Gib mir, o Gott, ein gutes, aufnahmebereites Ohr.
Gib mir, o Gott, einen sauber unterscheidenden
Geschmack.
Gib mir, o Gott, einen feinen Geruchssinn.
Gib mir, o Gott, Empfänglichkeit für andere.
Gib mir, o Gott, ein klares Bewusstsein für dich.
Gib mir, o Gott, was mein Leib nötig hat.
Gib mir, o Gott, was meinen Sinn erneuert.
Gib mir, o Gott, was meinen Geist erstarken lässt.
Gib mir, o Gott, Heilung für meine Krankheit.
Gib mir, o Gott, Reue für meine Sünden.
Gib mir, o Gott, mich selbst statt sonst etwas.

30. August

Mögen die Grenzen, an die du stößt,
einen Weg für deine Träume offen lassen.
Möge deine Seele stets
in einem Haus der Harmonie wohnen
und nicht in einem Spukhaus.

31. August

Mögest du glücklich sein,
und am Ende aller Regenbogen
einen Topf voll Gold finden.

September

1. September

Möge der ewige Vater persönlich dich
großmütig umarmen,
dich in seine liebevollen Arme nehmen.
Möge Gott dich beschützen bei allem, was du tust.
Möge Christus dich gesund erhalten
und mögest du in den Heiligen Geist eintauchen
bei jedem deiner Schritte.

2. September

In den Tagen der Ungewissheit
verliere nie den Mut,
in den Tagen der Gewissheit
nie die Hoffnung auf Änderung.

3. September

Möge Gott das Haus segnen,
jeden Stein,
jeden Balken und jede Fassdaube,
alle Nahrung, alle Getränke, alle Kleider.
Möge alle Welt immer gesund sein.

4. September

Gott segne das Haus
vom Bauplatz bis zur Strebe,
vom Balken bis zur Wand,
von Ende zu Ende,
vom First bis zum Kellergeschoss,
vom Balken bis zum Dach,
vom Grund bis zur Spitze.

5. September

Möge dieses Haus
auf dem Felsen der Felsen gebaut sein,
auf dem Felsen Christi,
so dass kein Angriff es schwächen
und kein Leid es verwirren kann.
Möge der Engel, der Wache hält,
alle willkommen heißen, die diesen Platz betreten,
und alle zurückweisen, die ihm schaden wollen.

6. September

Segne diesen Raum.
Mögen wir mit diesem Essen Gottes Güte feiern.
Möge das Festmahl Gemeinschaft
mit Gottes Freunden sein.
Wie du die süßen Fruchtsäfte
der Schöpfung trinkst,
mögest du die Sanftheit des Lebens Gottes
in dich aufnehmen
und bewahrt bleiben von den Giften des Neides.

7. September

Ein weißes Haus am Ufer des Sees.
Der windgebeugte Baum wirft seine Schatten
auf das Strohdach.
Die Katze buckelt an der roten Tür.
Hinter den Fenstern klingt das Lachen der Kinder
wie die Saiten einer Harfe.
Der Frieden des Sonntags
zieht einen goldenen Kreis
um das grün gesprenkelte Land.
Möge niemand zerstören, was die Liebe schuf.

8. September

Möge Gottes Hilfe dir näher sein
als die nächste Tür.
Möge dieser Tisch
nicht nur hungrige Menschen versammeln,
sondern auch ein Ort des Wortes
und der Freundschaft,
des Lachens und des Zusammenhalts sein.

9. September

Mögen alle, die ihren Leib hier baden,
ihn in den milden Strahlen
der Sonne der Sonnen baden,
so wie Maria Christus badete
in der gehaltvollen Milch Ägyptens.
Die Anmut Christi sei in deinem Mund,
wenn du deine Zähne putzt;
die Schönheit Christi sei auf deinem Gesicht,
wenn du dein Haar kämmst;
die Liebe Christi überflute dich,
wenn du deinen Körper wäschst.

10. September

Wenn du in den Spiegel schaust,
mögest du die Hände Marias sehen,
die dich waschen,
die Hände der Engel, die dich reinigen,
die Hände der Heiligen, die dich strecken,
die Hände Jesu, die dich wiederherstellen.

11. September

Wir empfehlen dir alle Menschen,
die hier zusammen leben wollen.
Mögen sie erkennen, dass alles hier dein ist
und dass sie hier dazugehören.
Mögen sie hier deine Liebe spüren.

12. September

Mögest du nie von anderen erwarten,
was du selbst zu geben nicht bereit bist.

13. September

Gott, führe mich aus der dunkelsten Nacht.
Gott, ziehe mich in das Reich des Lichtes empor.
Gott, nimm mich zu dir und mache mich gesund.
Gott, bewahre mich vor den Dingen, die ich fürchte.
Gott, schütze mich vor dem lebenden Tod.
Gott, hilf mir auf von dem Platz, an dem ich liege.
Gott, richte mich auf, dass ich niemals sterbe.

14. September

Ich hoffe, dass der große und gnädige Gott
in der uns geschenkten Zeit
das Licht der Gnade nicht löschen möge,
eben wie du, o Gott, mich auch in dieser Nacht
nicht verlassen mögest.

15. September

Gott, segne den Vater dieses Hauses,
er segne den Mann und seine Frau,
er segne die Kinder, die hier aufwachsen,
er segne die Familie, jeden Einzelnen und alle.
Frieden ruhe auf allen, die im Haus sind,
Frieden, um dich vor Sünde zu bewahren,
Frieden allen deinen Nachbarn,
Frieden komme über alle, die dich darum bitten.

16. September

Gott segne dieses Haus
vom Dach bis zum Fundament,
er segne die Fenster und die Tür,
Gott segne uns alle immer wieder.
Gott segne das Haus mit Wärme und Licht,
Gott segne jeden Raum
mit seinem machtvollen Arm,
Gott lege seine rechte Hand auf uns,
Gott sei mit uns an diesem bewohnten Ort.

17. September

Dein Vertrauen sei so beständig
wie die Heide in den Wicklow-Bergen,
deine Hoffnung so fest
wie das Felsengras in den Brandon-Mountains,
deine Träume seien dem Himmel so nah
wie die Bergseen von Connemara.
Dein Glaube sei so stark
wie die Feenbrücken in Donegal.

18. September

Gott Vater weilt in diesem Haus,
wir müssen nichts fürchten.
Der Sohn ist mit uns in diesem Haus,
er liebt uns über alle Maßen.
Der Heilige Geist unter uns in diesem Haus
hört unser Gebet.
Die Dreifaltigkeit in diesem Haus
ist uns immer ganz nah.

19. September

Mögest du in schweren Zeiten
die trotzige Ausdauer an den Tag legen,
mit der St. Patrick
während seiner 40-tägigen Bußzeit
den Himmel bestürmte.

20. September

Mögen deine Morgen dir Freude bringen
und deine Abende Frieden.
Mögen deine Sorgen nur wenig zunehmen,
deine Segenswünsche aber sich stark vermehren.

21. September

Solange die Schwalben sich wohl fühlen
unter deinem Dach,
der Regen voll Wonne
an deine Scheiben trommelt,
das vergnügliche Torffeuer nicht erlischt,
solange niemand der Katze
ihren Schlafplatz streitig macht
und das Lachen deiner Kinder
das Geschrei des Esels übertönt,
solange deine Kuh nicht geronnene Milch gibt –
ist Friede, den du mit keiner Silbermünze
bezahlen kannst.

22. September

Da der Tag vor meinem Fenster Abschied nimmt
und ich die Hände in den Schoß lege,
bitte ich, o Herr,
du mögest dein Ohr zu mir herabbeugen,
die Anliegen meines kleinen Lebens zu vernehmen,
die Sorgen anzuhören, die mich bedrücken.
Wenn ich wahrgenommen werde von dir,
so erlaube mir, mich mit allem,
was ich bin und habe,
in deine Hände zu geben
mit der Bitte um Segen und Schutz.

23. September

Möge dein Herz immer so gestimmt sein, dass du wenigstens einem Menschen am Tage Freude bereitest.

24. September

Behüte, o Gott, das Feuer,
wie du die heilige Jungfrau behütet hast.
Behüte, o Gott, den Herd,
wie du den Sabbat geheiligt hast.
Segne, o Gott, meinen Haushalt,
wie Christus es versprochen hat.
Segne, o Gott, die Familie, wie sie vor dir steht,
sei unser Halt.

25. September

Mögest du mit den Hühnern zu Bett gehen,
aber mit den Hähnen aufstehen.
Mögest du nie missgestimmt
auf dein Tagwerk zurückblicken
und mögest du den Tag so beschließen,
als wenn es der letzte in deinem Leben wäre.

26. September

Möge der Tag sich
mit einer lichten Wolke von dir verabschieden.
Möge der Abendwind
nie heftiger als der Sturm am Morgen sein.
Möge St. Patrick
dir seinen Abendsegen nie verweigern.

27. September

Gott, du guter Hirte,
sei über mir, um mich zu beschirmen,
sei unter mir, um mich zu stützen,
sei hinter mir, um mich zu lenken,
sei vor mir, um mich zu leiten,
sei um mich herum, um mich zu beschützen,
sei mit mir, um mich zu retten,
sei über mir, um mich zu dir aufzuheben
und mich auf die grüne Weide
des ewigen Lebens zu führen.

28. September

Durch die Tür des Schlafes
trittst du in eine andere Welt,
kurz nur, nicht von Dauer.
Bald schon bist du von deiner Seelenreise zurück
und du findest dein Körperhaus voller Trauer.
Mögest du auf der Reise durch die Nacht
nur gute Träume haben.

29. September

Ich versorge diese Nacht mein Feuer
wie Marias Sohn es tun würde.
Gottes Anteilnahme sei mit mir und dem Feuer,
Gottes Anteilnahme sei mit mir und allen,
Gottes Anteilnahme sei mit mir und dem Herd,
Gottes Anteilnahme sei mit mir und den Räumen,
mit jeder Viehherde und kleinen Schar
und mit jedem Haushalt.

30. September

Wie die Sonne im Schoß des Meeres versinkt,
so vertraue dich dem Schoß des Schöpfers an,
der dich geborgen hält
wie ein schutzbedürftiges Kind.
Gott schütze das Haus, das Feuer,
die Angehörigen,
jeden, der hier zur Nacht hereinkommt.
Schütze mich selbst und meine geliebte Familie,
schütze uns vor Gewalt und jeglichem Schaden.
Schütze uns vor Feinden in dieser Nacht.

Oktober

1. Oktober

Mein Bett hat vier Enden.
Vier Engel mögen an den Bettpfosten
Platz nehmen.
Wenn ich in dieser Nacht sterbe,
möge Gott mich in sein himmlisches Licht
aufnehmen.
Matthäus, Markus, Lukas und Johannes,
segnet dieses Bett, in dem ich liege.

2. Oktober

Hochgeborener Engel,
geh mit mir, begleite mich zum König.
Halte fern von mir jeden Schaden
und wehre den Dämonen,
die an meiner Seite sind.
Führe mich von ihnen weg
in deine eigene Gesellschaft,
ins Paradies der Heiligen.

3. Oktober

Möge der Engel,
der deine Seele zu Gott trägt,
dich am Tage deines Todes
nicht ungewaschen antreffen.

4. Oktober

Möge Gott dich segnen, mein Kind.
Möge er über dich wachen und dich beschützen
in dieser Nacht und in jeder Nacht,
die noch kommt.

5. Oktober

Mögen Gott, Maria, Patrick,
Brigid und Columba dich in dieser Nacht segnen,
in dieser Nacht und in jeder Nacht.
Möge jede Nacht dir so viel neue Kraft schenken,
um dem neuen Tag ausgeruht
entgegentreten zu können.

6. Oktober

Mögen Gott und Maria uns und alle,
die uns nahe stehen,
während der Nacht vor Tod und Unglück
beschützen,
bis der Morgen kommt.
Möge der Teufel seinen Schrecken
auch in der dunkelsten deiner Nächte verlieren.

7. Oktober

Segne, o Gott, den Mond über mir,
segne, o Gott, die Erde unter mir,
segne, o Gott, meine Frau und meine Kinder,
und segne, o Gott, mich selbst,
der sich um sie sorgt.
Ja, segne meine Frau und meine Kinder
und mich, der für sie sorgt.

8. Oktober

Segne, o Gott, worauf mein Auge ruht,
segne, o Gott, was meine Hoffnung ist,
segne, o Gott, meinen Verstand
und meine gute Absicht,
segne sie, du Gott des Lebens.
Ja, segne, o Gott meinen Verstand
und meine gute Absicht,
o segne sie, du Gott des Lebens.

9. Oktober

Segne mir die Gefährtin meiner Liebe,
segne mir die Arbeit meiner Hände,
segne, o segne mich, o Gott,
segne den behüteten Raum meines Lebens.
Segne, o Gott, meinen Schlaf,
ja, segne den behüteten Raum meines Lebens.
Möge das Böse sich nicht
mit uns zur Ruhe begeben.

10. Oktober

Das Joch des Gesetzes Gottes
ruhe auf dieser Schulter,
das Kommen des Heiligen Geistes
sei auf diesem Haupt,
das Zeichen Christi auf dieser Stirn,
das Gehör des Heiligen Geistes in diesen Ohren,
der Geruch des Heiligen Geistes in dieser Nase,
die Sehkraft des himmlischen Volkes
in diesen Augen,
die Rede des himmlischen Volkes
in diesem Mund,
die Arbeit der Kirche Gottes in diesen Händen,
das Wohl Gottes und das des Nachbarn
in diesen Füßen.
Möge Gott in diesem Herzen wohnen
und möge diese Person völlig zu Gott,
dem Vater, gehören.

11. Oktober

Wo ich zu Hause bin,
zeige mir, Herr.
Wohin ich gehen muss,
zeige mir, Herr.
Wie ich ausschreiten soll,
zeige mir an deinem Schritt.

12. Oktober

Friede sei dein höchstes Ziel:
Friede bei deiner Arbeit,
Friede in deinen Gesprächen,
Friede in deinem Haus,
Friede auf all deinen Wegen.
Und wenn du einmal am Himmelstor anklopfst,
möge dich der Engel des Friedens
willkommen heißen.

13. Oktober

Mögen wir uns mit Gott niederlegen
und Gott möge an unserer Seite ruhen.
Gott in lebendiger Gestalt sei bei uns.
Die Arme Gottes mögen uns umfassen.
Die drei Marien seien auch mit uns.
Gott und Columcille seien stets mit uns.

14. Oktober

Möge die rechte Hand Gottes
uns auch im Alter immer führen.
Die Gnade Christi verteidige uns immerzu
gegen den Feind.
O Herr, lenke unsere Herzen auf friedliche Wege,
durch Christus, unseren Herrn.

15. Oktober

Möge der Geruch des heimischen Torffeuers
dich immer nach Hause ziehen,
der Duft des Gebetes jedoch in die ewige Heimat.

16. Oktober

Alle Schönheit der Natur
ist im schwarzen Grab des Winters bestattet
und der Wind singt mit kaltem traurigen Ton
ein elendes Klagelied.
Doch, ach, der strotzende Sommer
wird kommen,
neues Leben wächst in seinen Armen.
Er wird rosige Blumen streuen
auf das Gesicht von Hügel und Tal.

17. Oktober

Du göttliches Wesen, dem kein Geschöpf gleicht,
beschütze mich mit deiner Macht.
Du Wesen, das keinem Gesetz unterliegt,
nicht mal der Lauf der Sterne –
begleite mich in dieser Nacht.

18. Oktober

Leidenschaftlich bitte ich dich, Herr,
um deinen starken Schutz
von dem Augenblick an,
da ich mich in der Dämmerung niederlege,
bis zu dem Moment,
wo ich mich am Tag erhebe,
ja, bis ich mich am Tag erhebe.

19. Oktober

Segne mir das Land,
das mir verheißen ist,
segne mir die Dinge,
die mein Auge sehen wird,
segne mir die Eindrücke,
die ich wahrnehmen werde.
Du Gott meines Lebens,
segne meinen kommenden Zustand
und meine Beschaffenheit.

20. Oktober

Möge das Licht deiner Seele so stark sein,
dass es dich im Alter führt.
Mögest du keine Angst vor dem Alter haben.
Mögen deine Sorgen schwinden
wie das Eis in der Sonne.

21. Oktober

O Mensch, bedenke dein letztes Ende
und verbringe dein Alter nicht
mit Torheit und Lüge.
Möge jede Krankheit sich schnell
wieder von dir verabschieden.
Trinke, als ob es dein letzter Drink sei,
aber möge der letzte nicht vor morgen kommen.

22. Oktober

Mögest du gesegnet werden von denen,
die auch für dich leiden
und in deinem Namen Schmerz ertragen.

23. Oktober

Mögest du in der Gewissheit leben,
dass kein Haar ungezählt von deinem Kopf fällt,
selbst wenn der erbittertste Sturm wütet.

24. Oktober

Möge Gott dich jeden Tag und jede
Nacht beschützen
und immer über dich wachen.
Gottes Lächeln über allem, was du tust!
Gott begleite dich!
Gott liebt dich!

25. Oktober

Auf dem Weg durch die Dunkelheit
bleib an meiner Seite,
du Engel Gottes, der mich lenkt.
Der auf Geheiß des Sohnes mich umarmt,
der auf Geheiß des Heiligen Geistes
mich die Weisheit lehrt.
Engel Gottes,
bleib an meiner Seite,
zeige mir das barmherzige Licht jenseits der Tür,
die in das ewige Leben führt.

26. Oktober

Möge deiner Hand Glück beschieden sein,
mögest du nicht in Sünde sterben
und mögest du nie die Hand verstauchen,
die mit den Armen teilt.

27. Oktober

Im Herzen der Zeit wohnt die ewige Sehnsucht
nach der Gegenwart Gottes.
Mögest du eine Ahnung davon
in deinem Leben erspüren.

28. Oktober

Möge auch der Himmel
dir Raum für deine Träume lassen.

29. Oktober

Du König des Mondes und der Sonne,
du König der geliebten Sterne,
du weißt, was wir brauchen,
o du barmherziger Gott des Lebens.
An jedem Tag, den wir erleben,
jedesmal, wenn wir erwachen,
wenn Ärger und Verdruss
unsere Stimmung verdunkeln,
wenden wir uns an den König der gastlichen Erde,
der uns liebt.
Sei mit uns an jedem Tag,
sei mit uns in jeder Nacht.

30. Oktober

Möge dein Haar weiß werden,
dein Herz aber jung bleiben.

31. Oktober

Mögest du dich immer daran erinnern,
dass du die Dinge vergisst,
die dich traurig gemacht haben.
Mögest du niemals vergessen, dich an die Dinge zu erinnern,
die dich glücklich gemacht haben.
Mögest du dir immer vornehmen,
die Freunde zu vergessen,
die sich als untreu erwiesen haben,
doch niemals jene, die zu dir standen.
Mögest du dir immer bewusst machen,
dass du die überstandenen Sorgen vergessen sollst,
aber niemals die Segensworte,
die jeden Tag über dich gesprochen werden.

November

1. November

Mögest du die Heiligen lieben
wie die Heiligen dich.
Ihre Weisheit sei dein Gefährt,
ihre Liebe deine Begleiterin,
ihr Beispiel deine Nachahmung.

2. November

Mögest du nicht eher sterben,
als bis du die Schätze der Weisheit
weitervererbt hast.

3. November

Ich wünsche dir einen christlichen Tod,
ein gutes Testament,
Buße für deine Seele
und ein christliches Bett im Himmel.
Möge unsere Seele willkommen sein,
jetzt und in der Stunde unseres Todes.

4. November

Wo Gott Vater ist, ist auch dein Heil.
Wo Gott Sohn ist, ist auch Erlösung.
Wo Gott Heiliger Geist ist, ist die Weisheit,
das Böse vom Guten zu trennen
wie die Spreu vom Weizen.
Im Namen der Drei, die mit dir sind,
gehe deinen Weg,
baue dein Haus und bestelle deine Felder.
Du wirst dein Glück machen.

5. November

Mögest du, wenn du stirbst,
den Tod auf dem Kopfkissen erwarten
in der Gegenwart deines Erlösers.

6. November

Möge Gott in der Nacht
zu deiner Rechten wachen.
Gott sei den ganzen Tag dort, wo du bist.
Er sei in deinem Herzen
und scheide nie von dir.
Möge Gottes Macht dir Licht schicken
in dieser dunklen Nacht.

7. November

Gott segne die Toten.
Möge viel Zeit vergehen, bis wir ihnen folgen.

8. November

Mögest du dein Glück
nicht in der Ferne suchen,
bevor du es nicht in deinem eigenen Herzen
gesucht hast.

9. November

Möge dir das Auge deiner Seele
so viel Weisheit schenken,
dass du die Zeit deiner Ernte zu segnen weißt.
Möge dir das Alter einen Vorgeschmack
von ewiger Freiheit geben
und dich nicht
mit Sorgen und Ängsten bedrücken.
Mögest du bereit sein,
das zu ernten, was du gesät hast.

10. November

Mögest du im Alter gesegnet sein
und mögest du in dir einer unendlichen Liebe
zu dir selbst begegnen.
Mögen die guten Heiligen dich beschützen,
der Teufel aber vergesse dich!

11. November

Gott gehe mit dir, wenn du auf der Straße bist,
gehe hinaus in seiner Kraft.
Gott gehe mit dir auf einem Weg.
Gott bewahre dich vor jedem Streit.
Gott erhalte dir Körper und Seele.
Er schütze dich wie die Jahre, die dahingehen.

12. November

Auf dem Felsen und in der Wiese,
am Strom und am Gebirgsbach,
gar auf den Klippen über der See.
Mögest du einen Bauplatz
in deinem Herzen finden.

13. November

Mögen die,
die auf dem Weg zum Himmel
vorausgegangen sind,
uns gute Wegweiser sein.
Mögest du die zukünftige Welt
nicht wie ein fernes fremdes Land betrachten,
sondern wie eine Heimat,
die dich in Geborgenheit umfassen,
behüten und aufheben will.

14. November

Mögen wir immer bedenken,
dass wir dort am Ziel sind,
wo Gott ist,
wohin wir auch gehen,
solange wir auch unterwegs sind.

15. November

Mögest du mich umgeben, o Gott,
wie ein Kreis, der keinen Anfang
und kein Ende hat.
Mögest du mich umspannen, o Gott,
wie ein Gürtel, der mit einem unlösbaren Knoten
versehen ist.
Mögest du mich umklammern, o Gott,
mit Händen, die miteinander verwachsen sind.
Mögest du mich umsorgen, o Gott,
mit deiner Liebe, die keine Grenzen kennt.
Mögest du mich umtosen, o Gott,
mit dem Sturm, der die Glut der Herzen entfacht.
Mögest du mich umfassen, o Gott,
mit dem Arm, der aus der Tiefe zieht.
Mögest du mich umschmeicheln, o Gott,
mit Worten, die nur in deinem Herzen
zu Hause sind.

16. November

Wenn ich hinausgehe,
möge ich nicht straucheln,
wenn ich hinausgehe,
möge ich mich nicht verirren,
denn ich stehe unter dem Schutz dessen,
der die Welt in den Armen hält.

17. November

Möge Gott das leichte,
schwarze Tuch der Nacht
über dich ausbreiten und dich in einen
erholsamen Schlaf versetzen.
Möge er einst auch das schwere,
schwarze Tuch des Todes
auf dich legen, aber nicht,
um dich mit ihm zu ersticken,
sondern hinüberzunehmen
in ein grenzenloses Land voller Licht.

18. November

Möge Gott dir die Hand reichen,
um dich emporzuheben.
Er führe dich aus der dunklen Nacht
und ziehe dich in das Reich des Lichtes empor.
Möge Gott dich vor den Dingen bewahren,
die du fürchtest.

19. November

Nichts ist so leicht, wie es scheint.
Jedes Ding braucht mehr Zeit, als du erwartest.
Und wenn etwas schief gehen kann,
dann im ungeeignetsten Augenblick.

20. November

Warm sind die Segenswünsche,
die dir gelten sollen,
und so werden sie immer sein.

21. November

Möge der Vater bei mir bleiben,
wenn ich in den Schlaf falle.
Möge Christus meine Augenlider schließen,
wenn ich nach sicherer Ruhe strebe.
Möge der Heilige Geist mich segnen,
wenn ich eingeschlafen bin.

22. November

Mögest du niemandem
das Fell über die Ohren ziehen,
es sei denn einem Hasen.

23. November

Gott sei bei mir beim Brotbrechen.
Gott segne mein Herz, meine Hände,
meinen Kopf.
Gott sei bei mir, wenn ich den Wein opfere.
Gott segne Körper und Seele, sie sind sein.
Gott, gegenwärtig in Wein und Brot,
bleibe bei mir, Herr, wenn ich esse.
Segne den Weg, auf dem ich gehe,
führe mich in dieser irdischen Welt.

24. November

Gehe mit gutem Beispiel voran.
Wenn es dir aber nicht möglich ist,
scheue dich nicht, einem guten Beispiel zu folgen.

25. November

Mögen deine Kinder dir nacheifern,
wenn sie aber besser sind als du,
unterlasse nicht, es ihnen zu sagen.

26. November

Möge Gott dir viele Lebensjahre gewähren.
Er weiß, dass die Erde zu wenig Engel hat
und der Himmel überlaufen ist.

27. November

Möge es in deinem Leben
keine verschenkten Tage geben,
aber viele, die du anderen schenkst.

28. November

Möge der Wille Gottes
dir hundertmal willkommen sein.
Eintausendmal sei dir gedankt, o Gott,
für jedes Geschenk und jede Gnade,
die mir zuteil wurde,
seit ich diese Welt betrat.

29. November

Möge es nichts geben,
das dich an den guten Vorsätzen
dieses neuen Tages hindert:
nicht der Regen, der gegen die Scheiben peitscht,
noch der Sturm, der in den Bäumen heult,
weder das Gezänk der Kinder,
noch die dumpfe Trägheit der Kuh.
Mögest du dem Tag mit einem Lächeln begegnen.

30. November

Nimm dir Zeit zu arbeiten –
das ist der Preis des Erfolges.
Nimm dir Zeit zu denken –
das ist die Quelle der Macht.
Nimm dir Zeit zu spielen –
das ist das Geheimnis der ewigen Jugend.
Nimm dir Zeit zu lesen –
das ist die Grundlage der Weisheit.
Nimm dir Zeit, freundlich zu sein –
das ist der Weg zum Glück.
Nimm dir Zeit zu träumen –
sie bewegt dein Gefährt zu einem Stern.
Nimm dir Zeit zu lieben und geliebt zu werden –
das ist das Vorrecht der Götter.
Nimm dir Zeit, dich umzusehen –
der Tag ist zu kurz, um selbstsüchtig zu sein.
Nimm dir Zeit zu lachen –
das ist die Musik der Seele.

Dezember

1. Dezember

Die Welt jenseits der Grenze
führt an den Horizont deines Traumes.

2. Dezember

Möge der Mittag die Freude
des geteilten Tages sein.
Er möge auch dich daran erinnern,
was Gott für die Menschen tat:
dass er den Engel zur Jungfrau schickte
und ihr seine Botschaft brachte
und dass die Jungfrau den Erlöser gebar
aus freiwilligem Entschluss
mit bereitem Herzen zum Heil der Welt
und zur Überwindung der Sünde.

3. Dezember

Möge dein Gebet,
das um Wohltaten bittet,
für das Brot auf dem Tisch
und die Gesundheit des Leibes,
nie ohne Dank sein
für die Befreiung von den Fesseln der Sünde.

4. Dezember

Mögen deine Hände so zahlreich sein
wie die Gäste an deinem Tisch,
damit du jedem eine Hand ausstreckst,
die gibt, wonach er hungert
und wonach er Durst verspürt.

5. Dezember

Mögest du so viele Herzen haben,
wie Menschen an deinem Tisch Platz finden.
Damit jedes Herz für einen anderen schlägt
und aus jedem Herzen ein Wort kommt,
das den anderen tröstet und glücklich macht.

6. Dezember

Möge Gott verhüten, dass du jemals etwas hast,
das deinem Nachbarn gehört.

7. Dezember

Mögen Zeichen an der Straße
deines Lebens sein,
die dir sagen, wohin du auf dem Wege bist.
Mögest du die Kraft haben,
die Richtung zu ändern,
wenn du die alte Straße
nicht mehr gehen kannst.

8. Dezember

Möge Gott dich nicht aus dem Blick verlieren.
Möge Gott dir seine Augen nachschicken.
Möge Gott deine Nächte erhellen.
Möge Gott die Finsternis
deiner Gedanken durchdringen.
Möge Gott dir gute Worte in den Mund legen.
Möge Gott dir Mut zum Reden geben.
Möge Gott für dich sprechen,
wenn du nicht reden kannst.

9. Dezember

Möge Ungewissheit dich nie mutlos machen,
Gewissheit aber nicht die Hoffnung auf
Änderung trüben.

10. Dezember

Ehre der Dreifaltigkeit,
dem Vater, Sohn und Heiligen Geist,
auf die du getauft bist
mit dem Wasser des Lebens.
Möge das Zeichen der Drei
stets auf deiner Stirne stehen.

11. Dezember

Möge Gott uns lieben.
Möge Gott dir seine Gnade
zuteil werden lassen
und die Jungfrau Maria
dich in ihren Mantel hüllen.

12. Dezember

Das möge es nicht geben:
ein Wort, das mich von meinem Schöpfer trennt,
eine Tat, die mich von meinem Schöpfer scheidet,
einen Blitz, der die Berge spaltet,
einen Regenschauer, der die Saat erdrückt,
einen Sturm, der das Korn vernichtet,
einen Keil, der trennt, was zusammengehört,
einen Fremden, der in die Häuslichkeit eindringt,
einen Freund, der zum Feind wird.

13. Dezember

Wenn du auf den See blickst,
auf das tosende Meer,
wenn du die Gipfel betrachtest
oder die grünen Hügel vor deinem Haus –
überall erkennst du die Schöpferhand dessen,
der sie gemacht hat.

14. Dezember

Möge dein Dach nie einfallen
und mögen die, die darunter wohnen,
nie herausfallen.

15. Dezember

Der Regen auf deinem Weg sei nie so wild
wie ein gereizter Stier.
Der Regen meide dich,
nicht aber deine dürstende Saat.

16. Dezember

Möge Gott dich segnen.
Er halte eine deiner Hände frei,
damit du auch einen anderen segnen kannst.

17. Dezember

Gottes Macht erhalte dich aufrecht,
Gottes Auge schaue für dich,
Gottes Ohr höre dich,
Gottes Wort spreche für dich,
Gottes Hand schütze dich.

18. Dezember

Durchdringe mich mit Ruhe, o Gott,
so wie du den Sturm auf dem Meere stilltest.
Beruhige mich, o Gott,
bewahre mich vor dem Bösen.
Lass alle Unruhe in mir ersterben.
Umarme mich, Herr, in deinem Frieden.

19. Dezember

Ich kann nicht schlafen,
ich kann das Haus nicht verlassen,
deshalb bin ich so unglücklich.
Es gibt heute keine greifbare Welt,
keine Furt, keinen Hang
und keinen Raum dazwischen,
keinen Boden.
Ich wünschte, jemand würde mich
aus meinem Hause locken
in den feinen Schnee auf das Versprechen
eines Mädchens hin.

20. Dezember

Möge Gott dich stets in seiner Hand halten,
seine Faust aber nie zu fest zumachen.

21. Dezember

Möge der Rest des Jahres ohne Krankheiten
an dir vorübergehen.
Möge Gott in schlechten Zeiten
für unsere geistigen und körperlichen
Bedürfnisse sorgen.

22. Dezember

Möge das Kind,
das im Stall geboren wird,
und möge die Jungfrau Maria,
die ihm die Brust gibt,
von deinen Plänen Notiz nehmen
und dir himmlische Belohnung
zuteil werden lassen.

23. Dezember

Mögest du tun, o Gott,
was du für richtig hältst,
was deinem Willen entspricht.
Mögest du allezeit das rechte Wort
zu mir sprechen.
Mögest du mich immer in deiner Nähe wissen.
Du Großer, du Unwandelbarer, du Gewaltiger!
Nichtig bin ich und unscheinbar.
Doch in deiner Zuneigung werde ich
zum Widerschein deines Lichts.

24. Dezember

Mögen Frieden und Überfluss die Ersten sein,
die die Klinke eures Hauses niederdrücken.
Glückseligkeit werde zu eurem Haus geführt
durch das Licht von Weihnachten.

25. Dezember

Möge der Engel,
der die Botschaft vom Frieden
in die Welt brachte,
an deinem Haus nicht vorübergehen.
Möge das Kind,
das seine Göttlichkeit hinter der Armut verbarg,
in deinem Herzen eine Wohnung finden.

26. Dezember

Der Tag des Lichtes ist über uns gekommen,
Christus ist von der Jungfrau geboren.
In seinem Namen sprenge ich das Wasser
auf alle Gegenstände in meinem Gehöft.
Du König der Mächte und Gewalten dort oben,
gieße deinen Segen über uns aus.

27. Dezember

Mögest du immer bedenken,
dass Gott in Gestalt eines Kindes
dir nahe kam
und dass du ihm
in Gestalt eines Kindes
willkommen bist.

28. Dezember

Am Ende eines steilen Pfades
möge dich die wärmende Sonne grüßen.
Bleib auf unterwegs in manchen Nächten
bis zum Morgen,
so wie es der Mond regelmäßig für die Sonne tut.
Der König der Könige
möge uns am Ende unserer letzten Fahrt
umgeben,
auf der Reise zum ewigen Leben
und bleibenden Glück.

29. Dezember

Möge dein Herz sich in Dankbarkeit
an manchen reichen Lebenstag erinnern.
Mit den Jahren wachse jede Gabe,
die Gott dir verliehen hat,
um andere mit Freude zu erfüllen
und glücklich zu machen.
Wie du es auch tust: Gott lächelt dir zu.

30. Dezember

Verlass mich jetzt nicht,
was ich auch tue,
wo ich auch bin.
Ob ich gehe oder stehe, liege oder schlafe –
wende dein Auge nicht von mir,
du Gott voller Treue.

31. Dezember

Du warst im Anfang an meiner Seite
als meine Wege begannen,
sei, o Gott, auch am Ende meines Weges,
wo immer er sich
mit allen Straßen des Lebens vereint.
So wie du bei mir warst,
als du meine Seele formtest,
so sei auch bei mir,
wenn ich das Ziel meines Lebens erreiche.